Emuná

Rafael Domenech Martínez

Aliarediciones

Corrección: Eladia Guerrero
Diseño de cubierta: Aliar Ediciones
Maquetación: Aliar Ediciones

Depósito Legal: GR 593-2025
ISBN: 979-13-87590-98-7

Impreso en España

Edita
ALIAR Ediciones
www.aliarediciones.es
info@aliarediciones.es

Emuná

Rafael Domenech Martínez

Soliloquio

«Reflexión interior o en voz alta y a solas».

I

Lléname de desdén si en el
arrebol sangre brota,
desde el abismo misterioso
que oculta el cielo de tus ojos.

Pues lo único que pretendo
es llenar los cerros de tus
añoranzas llenas de estrellas
recordadas entre luz y oscuridad.

El hastío de vivir sin el momento
del quién cuando el qué se va,
mas en la noche turbada me
notas cual fragancia en tu nariz.

Si me oyes, dama de la noche, decirte que
en tu arroche encontré mi derroche.

II

Justo cuando mires el cenit de
mi alma encontrarás la estrella,
esa que te bajé del firmamento
para alumbrarte las noches de oscuridad.

Tengo el trastorno loco por encontrar
la demencia del hombre que en su mejor
momento decide perderlo todo por codicia,
mas yo solo hallo la locura en tus labios.

Nunca logro escribir sin sentir porque siento
lo que escribo y no escribo lo que siento,
la pena de vivir es mi amargura
cuando viviendo no hallo tu ser.

Ámame y te regalaré mi alma,
yo siempre estuve enamorado de tu piel.

III

Alabados sean mis gritos de vida,
que por ser de agonía brindan con mi dolor,
mas no tengo miedo a morir si mis
gritos perduran en la historia literaria.

Malditos sean los poemas que brotan
de mi mente y salen por mi tinta,
solo saben gritar en melancolía
por ser impuros y llenos de amor.

Después de todo sin mis gritos solo
sería un loco más en este mundo,
trastornado por la rima de mis
palabras en conjunto con mis ideas.

Pues al final mis gritos son los
que dictan la sentencia de mi alma.

IV

A veces encuentro el placer en cosas
banales que guarda el mundo y el hombre,
pues nunca me siento libre y la libertad
siempre se sienta a mi lado cuando escribo.

Tengo el placer de no esperar el merecer
de tus labios de acuarela pintados en agua,
que dibujan mi mundo cual cielo estrellado,
yo siempre encontré la pintura en tu boca.

Pobre de Van Gogh que no conoció el saber
de tu presencia entre los colores de tu alma,
a punto estuviste de cortarte la oreja pensando
en cómo sería tu vida si no llegases a dibujarme.

Y ahora que estoy lleno de color,
solo quiero que me difumines con tus besos.

V

Mi dolor solo es comparable a tu figura,
tan fuerte y errático que me consume
como un cigarrillo abandonado en el
cenicero de algún bar nocturno.

El dolor me consume el alma con su
punzante pulso en mi corazón,
quiero saber qué es la soledad si mi
amada me abandona a su suerte.

Pero lo único que me calma el alma
es el efímero instante de volver a verte,
siempre quiero saber tus recuerdos,
si yo aún anido en ellos o me olvidaste.

Pero lo único que he aprendido en tu
partida es que el dolor nos hace sentir vivos.

VI

El humano se destruye con su propia
codicia de pensar que es el ombligo de todo,
pobre de él que no se da cuenta de
que solo es un polizón en la naturaleza.

Tengo miedo de lo que pueda crear el hombre,
tanto que lloro por él al no saber cómo cambiarlo,
ojalá el humano sea consciente de ser y no
de crear y destruir, Dios siempre llora al verlo.

Población gris que sacude el mundo con
la monotonía del día a día y sus abismos,
no se dan cuenta de que la tierra es un sentimiento
que hay que cuidarlo como el amor.

Pero aquí seguiré escribiendo poesía
hasta que la última bomba caiga.

VII

Estoy naufragando en las mareas
de mi iris rimando con tu ausencia,
solo quiero que me concedas una
mirada de las que me hacen temblar.

Si supiera cuál es el puerto que esconden tus
ojos pondría rumbo ciego hacia el horizonte,
en busca de la luz que desprenden las estrellas,
mas solamente deseo que me mires.

Ociosos corazones que nos miran mientras
mi retina colapsa en tus pupilas,
y estalla en mil colores entre las estrecheces
de la gente inerte que nos observa.

Pues este navío solo se orienta por
el faro que guarda la costa de tus ojos.

VIII

Nunca somos lo que queremos ser
y siempre intentamos ser lo que no
podemos soñar sin antes poderlo llorar,
mas solamente añoramos lo que nunca tuvimos.

Y, aun así, siendo conscientes del tiempo lo
perdemos en cosas inertes que nos llenan,
nos llenan la mirada y no el interior,
puesto que nada llena más que el amor.

Gozad, sentid y amad por vuestra propia vida,
nunca sabréis que estáis vivos sin antes
sentir el dolor que acarrea el vivir,
pues la muerte nos aclara el sentido de esto.

Aprended a vivir sin esperar lo que no tendréis,
tal vez así podréis tener una muerte digna.

IX

Temo al mañana, pero me mantengo
en el hoy sin ser consciente del ayer,
me causa pavor el estruendo del
tiempo al decirme adiós.

Tengo miedo de un mañana sin tu calor,
ese que me calienta en los días de invierno,
pero que atenta contra mi piel en los
días calurosos del aciago verano.

Tiemblo al escuchar el amanecer colándose
entre las rendijas de mi ventana,
pensando: ¿será este mi último día?,
supongo que prefiero la muerte antes que perderte.

Y aun así me llego a preguntar:
¿le temo al tiempo o le temo a tu querer?

X

Soñamos con lo que quisiéramos alcanzar
y alcanzamos lo que olvidamos soñar,
pues los sueños son vulnerables a nuestra
mente cansada de nosotros mismos.

Mi persona ya no sueña ni intenta
alcanzar nada salvo la tranquilidad,
ojalá cuando las canas y las arrugas
me invadan solo me quede el respirar.

Puesto que lo único verdadero en
esta vida es la libertad del cuerpo,
ya que la mente nunca es libre por
temor a lo que pueda desatar.

Sueña si puedes y alcanza lo que escribas,
pues este escritor solo sueña con la libertad.

XI

Hoy brindo por las personas de bien,
esas que dan sin esperar recibir nada,
las que calman las almas con palabras
y levantan espíritus con la mirada.

Ellas son la salvación del mundo,
solo ellas pueden cambiar al hombre
y guiarlo por la senda de la bondad,
pletórico ahínco con el que ayudan.

Hoy brindo por ellos y ellas,
por los abuelos y abuelas,
padres, madres, hermanos y amigos,
que sin quererlo nos calman el alma.

¡Dios quiera que tengáis suerte en el camino!
Dios quiera que todos vosotros seáis eternos.

XII

Siento el vibrar de tu voz en mis
tímpanos resonando con timbre de amor,
se me eriza la piel cuando escucho
tus cuerdas resonar como violín.

Háblame, mujer de ambrosía, si quieres
que mi corazón se desmaye con tu voz,
como si me amaras con locura,
tal vez así pueda escuchar tu amor.

Recítame un soneto mientras te
muerdes el labio inferior y me
apuñalas el corazón con palabras,
recítame a Shakespeare con lascivia.

Dulce mujer de porcelana Ginori,
bésame y calma tu voz con mis labios.

XIII

Y los hombres caerán de sus tronos,
los dioses se marchitarán por no tener rezos,
el barquero se hundirá para no ver
los rostros de los muertos inertes.

Nadie salvo las rocas se acordará
de nuestro paso por la historia,
ni los libros tendrán palabras de
recuerdos para nuestros hijos.

Caerán los hombres desde su misma
condena por culpa de los dioses,
y los dioses se consumirán por culpa
de los hombres al manchar sus nombres.

Pues al final de todo lo que es el
mundo solo la ausencia prevalecerá.

XIV

Me encanto con el fino tacto de tus
dedos en mis labios mientras me miras
con tintes de lujuria entre orgasmos y mordidas,
muérdeme los labios y te recitaré toda.

De testigos tenemos las nubes que esconden
al sol para que no le corroa la envidia de
tenerte a ti mientras que él deja huérfanos
de luz a sus amantes los continentes.

Bailamos entrelazados con la sinfonía
de tus gemidos y mis manos apretando,
nuestra pasión solo es comparable al
ruido de tus nalgas cabalgándome.

Pero si me vas a follar prefiero
que no estés al despertar.

XV

Insisto cuando oigo tus pasos sobre
las huellas de mi vehemente pasión,
caminando por el nostálgico valle
de los recuerdos te encuentro yo.

Pero tiemblo al oír el roce de tu pelo
con el viento, envidio al aire que te puede
recorrer el cuerpo y tocar tu piel,
y me causa pavor el rimar de tu paladar.

Me enorgullezco de las locas aventuras
que vivíamos siendo uno sin ser nadie,
cuando me siento libre extraño los
barrotes con los que me vestían tus brazos.

Pues mi reina siempre camina sin
tacones ni joyas porque ella es libre.

XVI

Y los pliegues de tu cuerpo arderán,
si la saliva de mi boca lo permite,
mas en este instante en el que me
encuentro estoy perdido en tu cuerpo.

Pero no soy más que un pensamiento
de tu loca y perturbada mente,
pues lo único que nos ata es el
deseo de vivir eternamente.

Aquí me encuentro escribiendo
un soneto taciturno brindando
con el olvido de tu corazón ansiado,
me da pena ver el tiempo haciéndote mella.

¡Oh, mi amor de seda postrera!
cuándo sabrás de mi existencia.

XVII

A veces me quedo sin palabras con
las que escribir y sin tinta con la que llorar,
puro desastre el que me despieza por dentro
por no saber lo que soy ni con quién poder ser.

Me ato la garganta con el nudo de
tu presencia en el altar de tus ojos,
y ahí me doy cuenta de que carezco
de libertad por amarte más que a mí.

A veces me faltan palabras con tintes
de melancolía para mis pobres lágrimas,
pero por fortuna tengo en mi boca las tuyas,
esas que me alzan los poemas y el alma.

Al final siempre tengo claro lo que escribir,
pero nunca sé a quién escribir.

XVIII

Si en la cumbre de mi vida me
guiara por la sombra de mi astro rey,
sepan que mi vida fue el destino
del que honra la voluntad de mi tierra.

Que por querer ser más que lo anhelado
me invita a ser el minúsculo paraíso,
mas nunca podré ser eterno porque a la vez
que el Sol se mueve mis minutos mueren.

Llévame donde el rey no alcance mi rostro,
el lugar donde la sombra sea el único
entredicho de mi vida y la ausencia
proclamada en este vasto firmamento.

Pues al final de esta encrucijada entre
la luz y la oscuridad amanezco yo.

XIX

Parado entre las arenas de la playa
del olvido me encuentro inamovible,
pensando en las olas que se desvanecen
como los segundos inquietos que me rodean.

Y en ese preciso momento sé que mi
persona se aferra al paso del mundo,
careciendo del único objetivo que
nos hace sentirnos humanos y libres.

Pero mi alma y mi mente se sumergen
en el páramo del desconocido desamparo,
estando solo pero acompañado por mi soledad,
hambrienta de sed por saciar.

Y en ese preciso instante en el que rozo
la arena siento que mi libertad me espera.

XX

Como las velas de un velero me mece
el viento contra corriente, ¡ay de mi pensar!
que quiere domar el cielo con su rimar,
pero se da cuenta de que la tinta puede más.

Veo las nubes enredadas en el cielo,
me dan envidia sus onduladas vistas,
me gustaría ser un pájaro para poder
visitar a mi preciado cielo, pobre de mí.

Y miro el valle donde se encuentra el abismo
de mi cielo y reparo en pensamientos,
por miedo a que se curen las heridas
de mi piel agrietada y mi sangre malgastada.

Y si fuera un pequeño pájaro sabría
de donde provengo y a donde me dirijo.

XXI

Si en la mañana turbada oyes el
traqueteo de mi bendita lujuria,
y osas acercarte a mi deseada boca,
sepas que yo me fundiré entre tus labios.

Pero no deseo más placer que el
vivir con los zapatos del querer,
junto al deseo de unirme a tu piel,
siempre me enlazo con tu luz.

Y si mi lascivia te provoca en los
amaneceres sepas que en las noches
siento que me faltan ganas para
hallar tu sed y sábanas de mi agua.

Dueña de mi vida y amante de mi sinrazón,
esa es mi ley en tu mundo de vapor.

XXII

Si en mi epitafio rezaran los cuentos
vividos entre la bruma de mi vida,
la gente sabría de mi efímera existencia,
que tan solo es un pasaje de la historia.

Si en la ventana de mi muerte podríais
ver las corrientes de mi pensar de fuego,
sabríais lo que fui al navegar por el momento
de vivir y alegrarme del último aliento al fin.

Si en mi último aliento vieseis que intento
exclamar lo que nunca pude gritar,
sabríais todo lo que en una vida llegué a callar,
pero vosotros preferís lloras y no celebrar.

Pues mi lápida solo es mi nombre y mi rostro,
no lo que fui ni sentí, recordadme con alegría.

XXIII

Mi primera luz fue en un lugar desconocido,
donde no era consciente de quien era ni
de la primera luz que me brindaba la existencia,
benditas sean las madres de todos.

Solo recuerdo el pulso de su corazón en
medio de mi nada, pulso que, sin razón,
me llenaba de tranquilidad y sosiego,
dulce melodía que mi mente reconocía.

El cariño era fruto de su vientre lleno
de vida por crear, me imagino la alegría
que sentiría mi luz al ver mi rostro,
supongo que yo lo sabré algún día también.

Y cuando por fin fui consciente y abrí los ojos,
supe que mi primera luz fuiste tú.

XXIV

Anhelada sea la soledad que mi cuerpo posee,
pues es mi fiel compañera en esta vida,
llena de compañías interesadas,
mas nunca me separaré de ella.

Ella es la que me da cobijo cuando
alguien me falta y seca mis zafiros
cuando me supera la agonía,
siempre estoy con ella y ella me acompaña.

Dulce amargura la suya si sabes domarla,
puesto que ella es déspota si la dejas,
pero yo la domé hace mucho tiempo,
antes de que se me marchitara el corazón.

Soledad, ahí la tenéis, cogedla, pues es la
mejor compañía que nunca encontraréis.

XXV

Y si nunca sé lo que me depara
el devenir de los años,
lo afrontaré sin titubear ni cabecear,
ya que mi fin lo dictará el tiempo.

Y si nunca sé las respuestas de mis
poemas intentaré descifrarlos,
aprovechando la calma que precede
a la tormenta escribiré mis hazañas.

Pero la paz y la calma de no tener
la respuesta me tranquiliza,
tan solo soy un peón en un juego
de dioses y reyes ansiosos de poder.

Y si no llego a saber las respuestas,
sepáis que mis preguntas aún estarán.

Maktub

«Estaba escrito o tenía que suceder».

I

Mi nombre es sepulcro cuando
en mi paladar resuena,
mi nombre luce melancolía por
no poder resonar en tus labios.

Di mi nombre,
di mis sílabas perdidas,
para que encuentren a las letras,
y se conozcan a sí mismas,
y cuando resuenen y vibren tus labios
sepas que mi alma brinda
con tu esencia.

Luego respóndeme,
respóndeme cuando grite mi nombre,
para que así,
algún día,
pueda decir el tuyo.

II

Necesito irme de aquí,
escapar de esta encrucijada entre
la razón y el corazón,
uno me implora que huya,
el otro me susurra que me quede,
y por no saber si vivirte o recordarte,
se me van los minutos,
anhelo el momento de besarte,
de tocarte y de mirarte,
piel morena que mi alma entiende.

Pero hoy le hago caso a la razón,
seguramente porque el corazón se fue
y me dejó en esta batalla sin cuartel,
pero hoy me voy de aquí,
pues prefiero irme y recordarte
a quedarme y perdonarte.

III

Cuando yo me vaya,
no quedarán campos ni
flores a los que mirar,
no quedarán versos taimados
a los que les falte un corazón
para rimar.

Cuando yo me vaya,
las palabras gritarán por no
encontrar un papel donde descansar,
las hojas de los árboles caerán,
cuando mi canto no escuchen vibrar.

Cuando yo me vaya,
mi alma me abandonará,
mis labios se sellarán,
mis manos perderán el tacto
por no encontrar tu piel,
mis ojos llorarán a torrentes
para ser ciegos a tu ausencia.

Cuando yo me vaya,
la lluvia cesará,
el sol me iluminará y encontraré
el paraíso perdido,

ese al que los poetas sueñan
con poder llegar.

Cuando yo me vaya,
sabré que me desprendí de ti
para poder escribir y recordarte.

Cuando yo me vaya,
no habrá versos a los que
aferrarte.

IV

Estoy en busca del verso taimado
que esconde tu poesía,
quisiera encontrar la línea que
separa al cuerdo del loco,
pero tú me trastornas poco a poco,
mi aliento es como los versos de Sabina,
te acarician como la brisa marina,
mas en este instante me enloquece
el placer de volver a verte.

Frágil palacio de cristal es tu corazón,
pues es donde residen los pensamientos
impíos de mi mente sin razón,
en tus noches de gozo amanezco para
alumbrarte los ojos,
bellos, vibrantes, repletos de amor…

Me encanto con el fino tacto
de tus labios en mi tuétano,
traspasando mi piel como
lanzas de pasión, bésame,
muérdeme los labios,
porque cuando lo hagas
te amaré sin razón.

V

Siento que todo lo que toco
se convierte en cenizas,
¿será que el fuego soy yo?,
pobre de este bucanero en medio
del infierno recordando el agua de tus mareas.

Dime quién te ampara,
dime quién te guarda,
quién está cuando alguien te falta,
ahora que te falto yo,
dime… quién te ampara y te guarda.

Concédeme este baile,
bailemos por el pentagrama de la rutina,
alegrándonos de los bemoles del alma.

Ahora que estamos aquí,
en el presente después del cuándo y el dónde,
me quieres tú a mí decir
que estaremos mañana pero
ayer no estábamos ni hoy estamos,
y le echas la culpa al tiempo de tu acción…

Siento que todo lo que no
toco se convierte en flores,
¿será que el agua eres tú?

VI

He hablado con el tiempo,
me ha dicho lo mucho que estoy aprendiendo,
me narró algún que otro día pasado,
él es el que sabe todo lo que he soportado,
sobre el pasado me dijo que está borrado,
que no me preocupara por todo lo dejado,
del presente solo me pudo decir que
todo lo que tengo lo llegue a apreciar,
pues tengo un cuerpo mortal,
cuando le pregunté sobre el futuro me contestó:
«Si te lo cuento, qué importancia tendría
el presente si no tienes la incertidumbre».

El amor se me presentó en forma de lo que más quiero,
me di cuenta de que lo que amo está en mi vida
viéndome crecer, quise preguntarle el porqué de mi agonía,
no supo contestarme ya que él es el que aparece y
por culpa nuestra se desvanece:
«Yo estoy en todas las cosas, nazco, pero nunca muero,
nunca os acordáis de que soy inmortal,
no quieras que me vaya de tu lado
si quieres que pare los balazos del tiempo,
cuando estoy el reloj se pausa y suenan
las campanas del alma».

Entre la penumbra noté una presencia,
me acerqué y vi a la muerte,
me asusté al verla, pero me dijo:
«Tranquilo, hijo, aún no vengo a por ti,
solo vengo a recordarte que siempre estoy detrás de ti»;
¿es justa su existencia?

Se lleva a quien queremos y nos deja con
los que despreciamos, por su culpa lágrimas derramé,
desde que supe que existías a mi familia me amarré,
aunque te los lleves con descaro por culpa del tiempo
y me duela por el afecto del amor,
de repente me miró y me dijo:
«Si yo no existiera, no sabrías apreciar lo valioso
que es el tiempo ni lo hermoso que es el amor, sin mí,
¿qué razón hay para vivir?».

VII

Dime si en el exilio de mi tinta
llegan a rezar tus palabras,
dime si cuando grito entre las nubes
sigues escuchando mi voz,
dime por qué.

¡Oh mi voz que anhela tus oídos!
¡Oh mis cuerdas que resuenan con tu presencia!

Dime aquí y ahora si el presente te cuida,
si el pasado te tolera o si el futuro te espera,
pues mi persona no es consciente
del tiempo cuando tu mirada la llena.

Dime si tus labios pronuncian mi nombre
cuando estás en soledad,
y si es así,
decirte que
mi voz siempre calmará tus silabas.

VIII

Cuando la luz cese y el amor
amanezca entre mis sábanas,
quiero que recuerdes esa luz que cesó,
y que olvides el amor que murió,
que cuando sientas la fría nostalgia
de mi lumbre calentando tu mirada,
sepas que mi único universo siempre
atendió a la razón de tus palabras,
y que si mañana es tarde para recordarme,
amada mía, quiero que me olvides,
que mi recuerdo arda en tu corazón helado
y mi sangre te sirva de sustento,
pues en el tiempo que estuvimos
tu tinta me sirvió de poemas.

IX

Y en este momento en el cuándo,
donde reside lo efímero del tiempo,
nos preguntamos que será de nosotros,
careciendo del conocimiento necesario
para saber nuestro futuro,
pero nos pausamos en el tiempo
aunque este no se detenga,
jugando con el titubeo del amor,
sin llegar a amar ni ser amado,
pensando en la muerte como final
y no como principio,
pues ella esconde lo que los humanos
llamamos religión,
juez y verdugo de mi actuar es el
sonar de mi rimar,
mas, en este momento en el cual existo,
ya no distingo lo que es amar de lo que es ser amado.

X

En el exilio de mi folio respiro yo,
donde la tinta es veneno y mi bolígrafo el puñal,
allí donde el poeta mató al verso
y la palabra sucumbió a la voz,
y por no poder aullar mis poemas
me quedo sin oxígeno,
me deterioro cuando la tinta
recorre mi piel,
me asfixio con el aire de ese límite,
el confín del verbo y la frontera
del amor y el odio,
en ese exilio respira mi poesía,
siendo tímido por no poder
versar mis gritos,
y muriendo entre mis hojas,
allí en el exilio de mis verbos,
respiro yo.

XI

Y la verdad que escondo
solo es plausible cuando tus
labios rozan los míos,
esa verdad que me salva y me condena,
esa verdad,
la que me libera y me aterra,
mas, en esta verdad que mi alma esconde,
solo rezan tus palabras,
y así mi cuerpo es libre.

Cuando te toco,
cuando te miro,
cuando te escucho…

Pero la verdad es que anhelo tu aliento,
al igual que tu cuerpo,
y la mentira es que puedo vivir sin ti,
pues mi única verdad, amor,
es que te amo.

XII

Algún día,
yo seré ceniza,
pero el borracho del bar seguirá bebiendo,
y yo seguiré siendo ceniza.

Algún día,
las páginas de los periódicos celebrarán
el fin del mundo convertido en hombre
cuando las estrellas caigan y la noche se asome.

Y yo seguiré siendo ceniza,
polvo,
el polvo de donde todos venimos,
los borrachos, ricos, pobres, inteligentes, amantes… todos.

A aquellos que no vienen del polvo solo los guía la ceguera del mismo.
Algún día,
cuando el cielo se apague,
y los pájaros dejen de cantar,
recordarán a aquel poeta que era
y es ceniza,
y yo seguiré siendo eso,
inmortal.

XIII

Y sí,
te echo de menos,
tanto que lloro riendo y río llorando,
supongo que por culpa
de lo que me enseñaste,
que las lágrimas preceden a la risa
y que la risa termina y vuelven las lágrimas.

Y sí,
ojalá abrazarte,
ojalá la vida fuera tan fácil
como para poder escribirla.

XIV

Disfruto sin mirar,
disfruto sin tocar,
también disfruto sin escuchar,
sobre todo,
disfruto sin respirar,
esa sensación de estar ahogado en el agua,
donde cuelgas de un hilo,
ese hilo tan fino que se resume en
salir o esperar,
tentando a la muerte,
esa fría y dulce reina que
o te salva o te entierra,
disfruto el no saber,
más allá de la locura del ser,
más allá de la razón del cómo,
como el no saber si el plebeyo es
libre o si el rey es preso,
allí,
en esa incertidumbre de no saber
si vivir o morir,
disfruto yo.

XV

Me gusta leer a la mujer que cautivó a sus
intérpretes con su lírica,
cuando narra los versos a flor de tinta de Neruda,
mientras que yo leo páginas de Bukowski
sintiendo el sabor amargo de los sentimientos
de Charles,
ahogados entre su *whisky*.

Escuchando un soneto taciturno fruto
del intratable e indomable Shakespeare,
que con su ardiente pasión me llena de vibrante fervor,
tratando de domarla y hacerla mía
como Bécquer imaginando su pupila azul,
preguntándole a ella: ¿Qué es poesía?

En busca de la inspiración de Lorca
encuentro su intrínseca melancolía,
el fragor de la prosa de Machado
expresando el dolor de la muerte de
su esposa, tan enervante, tan lúgubre…

Admirando a Whitman y su libertad
en los prados de hojas verdes,
que recuerdan a la hierba de su rima.

Todos son intérpretes de ella,
pero Bécquer tenía razón,
pues ella
es la poesía.

XVI

No llores, mujer,
no llores por un hombre que no sabe
distinguir el querer del tener,
no te bañes con tus lágrimas,
pobre de tu piel rozando con tu pena.

No mereces la holgura de la paz
en tiempos de amor ni la penumbra
del sol en tiempos de guerra,
recógete el pelo y aférrate
al tacto del oxígeno deteriorándote,
pero dándote vida a la vez.

Guíate por tu calma y sosiego,
enséñale al hombre lo que ignora
meciendo tu fragancia en el papel,
reescribe la historia con el tinte del sol
y borra los desprecios del mundo de tu mente,
mas no hay peor abismo
que el recuerdo amargo de los días de antaño.

Mujer, ilústrame, escríbeme, memorízame o léeme…
pues solo tengo de verdad lo que carezco de razón.

XVII

Pena de mí por no conocer al *te quiero*,
sin rumbo fijo en este vasto océano
donde la calma son tus besos
y la furia del mar es tu deseo.

Deseo de mi rostro rozando el tuyo
como madera fluctuando con las olas,
hundiéndome en tu corazón para rescatar
a Calipso de tus recuerdos.

Lobo de mar dicen que soy,
mas no saben que este lobo
perdió sus colmillos de tanto morder el agua,
pero aúllo a la marea como luna responde al lobezno.

Parto del lugar donde el puerto es de viento
y los navíos son de papel,
ruda mi piel que soporta los huracanes
de tu miel, sin más orientación que tu perfume,
tan reconocible que ni los vientos del norte pueden
difuminarlos en el lienzo de mi corriente,
para que luego las corrientes del sur guíen a
su viento alzando tu fragancia.

Dibújame entre corales tus arrecifes,
rómpeme tu oleaje con la furia de mi tormenta,
sirena mía,
cántame tu melodía para poder guiarme entre mi agonía.

XVIII

Acuérdate de mis poemas,
están escritos en papel,
pero grabados a fuego en mi piel.

Acuérdate de mis poemas,
esos en los que me abría para no
decirte *te amo*,
esos en los que mi alma sangraba lentamente
a medida que desbordaba tinta.

Acuérdate de mis poemas,
cuando alguien te falte o yo
ya no esté.

Acuérdate de mis poemas,
para que cuando me veas ahogado en
alcohol recuerdes que te amo.

Acuérdate de mis poemas,
porque nunca sabré recitártelos.

Acuérdate de mis poemas…
para que cuando me desangre
recuerdes a
este poeta.

XIX

A veces intento explicarles a mis oídos
que mi boca habla para escucharlos,
que mi locura solo es inerte cuando
mi mente me trastorna,
que mi alma se condena cuando tu
mirada me viste con barrotes,
y que la única libertad de mi cuerpo
es la que del tuyo sale al momento de tocarme.

A veces mi cuerpo intenta explicarme
que te perdí,
pero mi mente
recuerda los días en los que por fin
viví.

XX

Pobre de mi alma huérfana de
algún sol que la caliente,
el crepúsculo de mi ser solo
es un fragmento de tu alma,
que mi felicidad entiende,
cómo quieres que te abrace
si cuando me acerco mi piel sangra,
de tantas batallas perdidas,
será que tú eres la guerra.

Ya no tengo cartuchos ni armas,
pero tú tienes ejército de palabras,
pobre de este soldado que sueña con
ganar la guerra con tinta y papel,
alguna vez jugué demasiado
con las balas de mi alma,
las que tú me disparabas mientras me
abrías el corazón,
y lo hacías sin razón.

Siento la añoranza de tus pupilas,
escalofriantes vórtices de pasión,
escalo por tu montaña de locuras,
mezquino de mi ser empírico por
saber de mi frustración.

¿Volvemos a batallar?

En la cama siempre somos uno,
pero en la calle ninguno,
aún me acuerdo del pacto fáctico de
tus labios en mi alma,
dulce amargura de esta que quiere
ser tú sin ser nada.

XXI

Perversa seductora de ojos oceánicos,
tú eres el cabeceo del mar con su
tambaleante sonido de caracola,
cuántas noches sentado en la
arena de mi océano admirando
la orilla de tu miel,
esa que se saborea sin tapujos ni cuartel,
me voy,
me voy donde esté la soledad,
no me gusta el sonido del tic tac, me agota,
cansado del cuándo sin apreciar el dónde,
llegaré a saber,
cuando tú estés junto a mí,
lograré ubicarme en el dónde cuando te marches,
contigo siempre perdí el norte.

Me llaman los mares del sur,
se olvidan de que soy un hombre,
pero soy navío cuando surco tu piel,
los ríos del norte me arrastran por sus corrientes,
me recuerdan que soy libre, pero ahora te pregunto:

¿Eres libre?

¿Sientes el cabello moviéndose por
tu cara acariciándote la vista?

¿Tocas el agua y te acuerdas de
dónde vienes y olvidas a dónde vas?

Libre es el que sueña,
pero el soñar es el que te hace libre, entonces quién es libre,
¿tú o tus sueños libres de tu tutela?

Amor, mi cielo, mi infierno, mi ángel, mi agua, mi sed…
suéñame y los dos seremos libres.

XXII

Callo,
me coso la boca cuando intento hablar de ti,
pinto mis venas huérfanas de sangre
cuando estoy rozando tus labios,
socavo el vacío de mi corazón para llenarlo con el tuyo.

Callo,
y mi alma otorga un silencio que
tu alma entiende, bésame, ámame, abrázame…
pues en tu regazo desaparece mi letargo.

Callas,
tu boca enmudece a las palabras,
me escribes versos de locura,
yo te dibujo en poesía tu mirada,
que no es mía,
tampoco tuya,
esposa del sol y amante de la luna,
nos juntamos y nos descosemos
para luego sanarnos los hilos,
títeres del amor y de la marea de sus llantos.

Callo,
cierro los ojos,
para imaginar tu voz en mi mente,
nada más lejano que el placer de volver a verte.

XXIII

Niña,
péinate tus cascadas doradas,
ponte tus nubes en los pies,
vístete del color del sol,
píntate los labios de pasión,
adopta la fragancia que te brinda tu corazón.

Niña,
sal por la puerta y enséñale
al mundo lo que escondes,
que no lo sabes aún,
pero escondes el misterio del mar,
la esperanza de Pandora,
la incertidumbre del mañana
e incluso la osadía de enfrentarte a él.

Chiquilla,
camina por los prados del interior,
surca los cielos del exterior,
pero nunca te olvides de apreciar tu alrededor,
ahí es donde encontrarás lo bonito
que es el mundo en tu son.

Niña,
suéltate de mi mano,
para poder seguir tu camino,
acuérdate de mí como un amigo, consejero y ayudante,
no me recuerdes como tu padre,
porque en mi desgracia de morir
florece tu alegría de vivir.

XXIV

A veces me siento cálido en
noches de escarcha y témpanos,
noches en las que mi corazón está
congelado pero mi piel me abrasa,
es difícil explicar lo que siento
al escribir mis líneas,
es como si me vaciase el alma,
como si estuviera muerto por dentro,
la poesía es mi salvación al igual
que mi condena,
pobre de mí por ser poeta y carecer
de amor para vivir,
y ahora me encuentro aquí,
en esta noche helada escribiendo
poemas ardientes,
no puedo concebir la noche si el día me persigue,
creo que la culpa la tendrá alguna mujer de escarcha.

XXV

Miénteme,
sin dudarlo ni titubear,
burla mi fachada y cuélate entre
el infierno de mi piel,
embáucame si es lo que quieres,
pues prefiero que me controles tú
que ser mi propio dictador,
engáñame, querida,
no me lo niegues por temor a hacerme daño,
porque en la oscuridad de la
noche me gusta que me mientas,
falsea tu rostro para que mis
respuestas sean plausibles.

¡Miénteme!

Miénteme una vez más…

Porque en esta utopía prefiero que
me mientas a que me destroces mi verdad.

Ukiyo

«Vivir el momento presente, ajeno a los problemas de la vida».

I

En el abanico del fluir,
arrolla el aliento abrasador de tu venir,
bendita odisea la de verte llegar
y dejarte ir.

II

De qué vale el oro,
si tenemos tiempo.

III

Un mundo donde el amor al arte prevalece,
y la sangre se convierte en tinta y ya no duele.

IV

Y en tus labios me derretí,
como si tú fueras el infierno y yo un alma en pena,
y ahí recordé
que yo era la pluma y tú el poema.

V

Ella no sabía lo que le esperaba,
y aun así siguió,
siguió si ti,
siguió sin mí,
supongo que necesitaba seguir con ella
misma más que seguir con nosotros.

VI

Tu tiranía perpetua me atrapa,
me encarcela,
pero
que sería de mí si no te
tuviera de carcelera.

VII

Manantial de prohibición es tu cuerpo,
sed de mis días y hambre de mis noches.

VIII

Que nunca te quiten los sueños,
esos que te duermen entre deseos
y te despiertan en utopías.

IX

Mi sueño es profundo cuando recuerdo
los momentos de querer,
y deseo soñar en el lugar donde no hay
a quien amar, entonces:
¿sueñas porque deseas o sueñas porque recuerdas?

X

Y si el mundo está loco,
seamos nosotros los cuerdos.

XI

Ni el hombre es tan digno
ni el animal es tan salvaje.

XII

El sabor de tus labios mató al poeta,
justo antes de rimar con tu ausencia.

XIII

A veces me preguntas si soy yo,
si eres tú,
o si somos los dos,
pero, mi amor,
solo el tiempo dirá si seremos los dos.

XIV

Nada más bello que sentir el frío
tacto de tu voz en mi tímpano.

XV

En el valle de sombras nace tu luz,
esa luz que me ahoga en la oscuridad,
pero incluso ahí
llego a respirar.

XVI

Agua, ven y seca mi infierno.

XVII

La conocí en un avión,
donde no sabíamos a dónde íbamos
ni tampoco de dónde veníamos,
pues el único universo que saboreábamos
era nuestro cruce de miradas.

XVIII

A veces hay que sentir el dolor
y compensarlo con las ganas de respirar.

XIX

Estoy en busca del firmamento,
inhóspito viaje por tu pecho.

XX

Sabes que es ella cuando te nubla la razón
y te hace sentir grande el corazón.

XXI

No hallo mejor sabor que el de tus labios
rozando con mi lengua,
ese sabor que nos salva y nos condena.

XXII

Me siento astronauta cuando
recorro tus lunares.

XXIII

Las calamidades de mi vida han sido directrices para vivir, no argumentos para morir.

XXIV

Incendios,
noches en llamas a tu lado,
pero sin quemarme aun rozando el infierno.

XXV

Y al final de esta encrucijada,
merece la pena estar en calma,
aunque no tenga todas las respuestas.

Índice

Soliloquio

Maktub

Ukiyo

Este libro se terminó de editar en Granada
en abril de 2025 por

Aliarediciones

www.aliarediciones.es
info@aliarediciones.es